LE CRIME!
LE CRIME! –
HORRIBLE CRIME

COMMIS À PANTIN

... cet abominable carnage

... LE PORTRAIT DES VICTIMES

... DE BAR ...

... EN GROS, 10 RUE DU CROISSANT

... PARIS — 1869

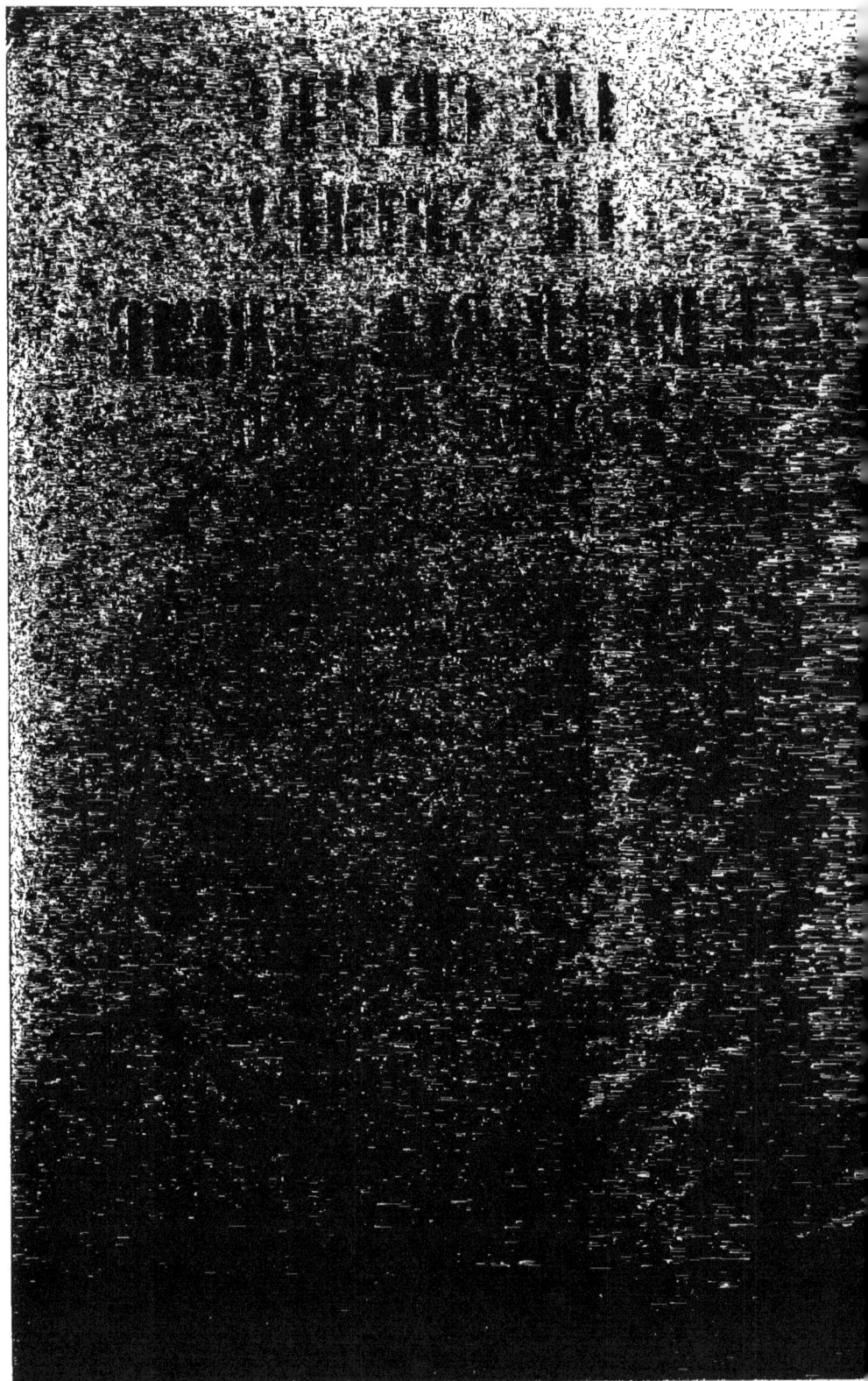

RÉVÉLATIONS

SUR L'HORRIBLE

Massacre de Pantin

8 2 L Seine 12893

L'ÉMOTION POPULAIRE

Jamais peut-être aucun crime n'a autant occupé les esprits que cette épouvantable boucherie de Pantin.

Ce sextuple assassinat, sans précédent dans les annales judiciaires, fait l'unique sujet de toutes les conversations et donne lieu aux versions les plus contradictoires.

Quoique chacun lise avec indignation les détails barbares avec lesquels s'est exécuté ce carnage, cela n'empêche pas que la curiosité l'emporte encore sur l'émotion. Il est triste de l'avouer, mais ces horreurs constituent un spectacle qui n'est pas sans charme pour le public, toujours avide d'événements tragiques, et nous avons malheureusement constaté par nous-même que depuis l'odieux attentat, des milliers de badauds se rendent journellement à Pantin comme à une partie de plaisir, afin de visiter le lieu du crime, puis s'en reviennent à la Morgue, attendre des demi-journées, dans l'espoir de voir les cadavres...

Il est pénible de le dire, mais de pareils forfaits font marcher certains commerces : ainsi, depuis plusieurs jours, les marchands de journaux réalisent des bénéfices énormes. Dès sept heures du matin, la foule assiége les kiosques pour avoir les nouvelles du matin et les marchands ne peuvent suffire à contenter tout le monde : la feuille qui s'est le plus vendue est le PETIT MONITEUR, qui publiait plusieurs éditions illustrées par jour. Sa vente s'est trouvée augmentée de trois cent mille pour Paris et autant pour la province.

Les journaux qui se sont le mieux vendus, parce qu'ils donnaient le plus de détails sont : LE FIGARO, LE GAULOIS, LE PETIT MONITEUR et LA PETITE PRESSE.

Si vous ajoutez à ce trafic de feuilles diverses les voitures et les tapissières qui avaient organisé un service régulier de Paris à Pantin, ainsi que la recette des chemins de fer, vous arriverez à fournir une somme fabuleuse.

L'enquête faite immédiatement par les soins de la police a été menée avec une intelligence et une promptitude extraordinaires ; des agents ont été lancés de tous côtés ; aussi les assassins, si bien cachés qu'ils puissent être, doivent tomber infailliblement entre les mains de la justice.

LA NUIT DU CARNAGE

Lugubre et mystérieuse nuit que celle du dimanche 19 septembre.

Un magnifique clair de lune éclairait cette campagne triste et pauvre, située entre Pantin et Aubervilliers.

La pluie qui était tombée toute la journée avait détrempé les routes. Celles-ci n'étaient plus qu'un amas de boue gluante... pas le moindre bruit dans cet endroit solitaire. Les habitants des environs, pour leur sécurité personnelle, ont l'habitude de se coucher de bonne heure ; aussi ne rencontre-t-on presque jamais personne dans ces parages abandonnés. Au loin, quelques points lumineux apparaissent, ce sont les réverbères de la grande route de Paris, éloignés de plus d'un kilomètre.

Le silence morne qui règne presque continuellement en ces lieux est troublé, par intervalle, par le passage d'un train, car à cinq cents mètres se trouve la gare de Pantin... C'est là le seul signe d'existence qui se manifeste dans cette plaine noire, isolée, d'aspect sinistre, où s'est accompli cet horrible drame qui a montré jusqu'à quel degré de cruauté pouvaient aller de vils misérables !...

Dix heures viennent de sonner !

Un homme, enveloppé d'un large paletot et coiffé d'un chapeau destiné à lui cacher la figure, se promène seul dans le pré ; il paraît inquiet... ses regards se portent de tous côtés... il interroge les environs comme s'il attendait quelqu'un. Impatient, il regarde sa montre.

— Dix heures, et personne ne vient, murmure-t-il entre ses dents.

Au même instant, un sifflement particulier, léger et à peine sensible se fait entendre.

Puis débouche sur le Chemin-Vert trois personnes, un jeune homme, une femme d'une quarantaine d'années et un jeune enfant.

Le jeune homme donnait la main à ce dernier et le séparait de la femme.

A ce moment, par une fâcheuse coïncidence, un nuage cacha la lune et le champ retomba dans une complète obscurité...

Le groupe arrivait à l'endroit où se trouvait l'homme au large chapeau.

Prompt comme l'éclair, ce dernier se jeta sur la femme ; celle-ci surprise par cette brusque attaque, tomba à la renverse l'homme la serra à la gorge de la main gauche pour l'empêcher de crier, tandis que de la droite, il lui labourait le corps de coups de couteau,.. à chaque coup répondait un gémissement.

La lutte qui eut lieu entre la victime et son bourreau fut affreuse, elle dura deux minutes... deux siècles.

Pendant cette tuerie, le jeune homme maintenait le petit gamin en le tenant étroitement serré sur sa poitrine...

Quand l'inconnu eut terminé sa tâche sanglante, et repoussé dans une fosse creusée à l'avance, le corps de la femme, son complice repoussa brutalement l'enfant vers lui en disant :

— A son tour, maintenant.

Et pendant que ce monstre sans entrailles égorgeait le pauvre petit, l'autre s'en retournait tranquillement dans la direction de la route.

Il ne s'en allait pas cependant !...

Cinq minutes ne s'étaient pas écoulées, qu'il reparut de nouveau, au bout du chemin, accompagné d'un jeune homme de quinze à dix-sept ans et d'une petite fille de trois ans environ.

Ces deux malheureux eurent le même sort que la femme... le fer criminel les attendait.

Et pendant que l'homme frappait sans trêve, le corps de ces innocents, pendant qu'il les déchirait, qu'il les achevait avec une fébrile cruauté, son compagnon retournait pour la deuxième fois chercher deux nouvelles victimes.

Cette fois c'était deux garçons de 12 à 14 ans.

La boucherie ne fut pas longue, les deux hommes se mirent de la partie. Des coups de couteaux, de pioches, et chose curieuse, ces deux assassins s'y prirent de telle façon, qu'à peine si les victimes laissent échapper quelques cris étouffés.

Cette sanglante besogne fut bien vite terminée. Les six corps qui respiraient encore, furent jetés dans une grande fosse. Pour qu'ils entrent mieux, ces deux hommes enfoncent à coup de talons les membres mutilés et sanglants des corps. Quand ils furent tous placés, ils jetèrent de la terre dessus et piétinèrent longtemps afin de les entasser le plus possible.

Quand ils pensèrent que le sol avait repris son apparence normale, ils tracèrent quelques sillons, pour éloigner tout soupçon, puis ils se retirèrent précipitamment chacun par un chemin opposé, non sans avoir échangé quelques paroles à voix basse.

Quels étaient donc ces deux hommes? et d'où venaient ces victimes ainsi amenées deux à deux pour être égorgées?

LE LENDEMAIN DU CRIME.

Le lendemain matin, le maraîcher Langlois, auquel appartient ce champ, vint pour herser son champ.

En passant près de l'endroit où était la fosse, il s'arrêta surpris, la veille, il avait parcouru son champ et n'avait pas remarqué cette partie du sol exhaussé. Il s'approche, et se penche, il aperçoit sortant de terre, une sorte de foulard; il l'attire à lui, mais, le rejete aussitôt avec un geste de dégoût. Ce foulard est tout imbibé de sang..., il s'aperçut alors que le sol tout à l'entour en est maculé... il dérange la terre avec sa pioche et aperçoit une partie de cadavre... Effrayé!... il s'enfuit chez ses voisins et raconte ce qu'il a vu. On prévint le commissaire qui se rend sur les lieux et ordonne le déblaiement de la fosse.

On déterre les six corps affreusement mutilés et conservant encore un reste de chaleur.

Peu à peu la population accourt, s'informe et éprouve une émotion indescriptible en apprenant l'abominable assassinat qui a été commis.

Personne ne reconnaît ces victimes, elles ne sont pas de la localité.

Autour de la fosse on retrouve plusieurs couteaux tout sanglants, des cheveux, des morceaux de chair et de cervelle.

Quelques heures après, nous avons visité cet endroit, des mares de sang se voyaient encore çà et là, des brins d'herbe se tenaient collés entre eux par du sang figé. Cette terre remuée, piétinée, qui portait encore les traces d'une lutte désespérée, était horrible à voir.

Un médecin assiste à l'exhumation de ces cadavres.

Le corps de la femme est couvert de blessures, le visage est lacéré, la tête est à moitié séparée du tronc, les yeux sont ouverts, la bouche béante, elle semble regarder ses meurtriers. Son visage a plutôt une indicible expression de tristesse que de terreur ! On dirait les suprêmes reproches expirant sur ses lèvres décolorées.

La petite fille, âgée de trois ans, était placée entre les jambes de la mère ; elle n'a que quelques excoriations au visage, mais, affreuse découverte ! en relevant sa petite robe bleue, on s'aperçut qu'elle a le ventre ouvert, et que les entrailles sortent...

C'est horrible à voir ! c'est hideux !

Les autres enfants sont également mutilés ; leurs yeux sont ouverts, les prunelles dilatées par la terreur.

L'un d'eux a dû être enterré vivant ; les crispations de ses membres disent assez les terribles angoisses dont il a souffert.

La petite fille tenait encore dans sa main un morceau de brioche.

Les six cadavres, soigneusement enveloppés, ont été conduits, sur deux charrettes, à la Morgue, accompagnés d'une foule silencieuse et indignée...

FATALITÉ !...

Par quelle étrange série de circonstances malheureuses les assassins ont-ils pu agir aussi impunément... Ils ont eu, tout le temps de leur travail, une tranquillité absolue ; aucun incident n'est venu les troubler dans leur horrible besogne ; ils ont attiré, assassiné, massacré six personnes, avec un sang-froid inexplicable ; ces bourreaux ont enterré leurs victimes, recouvert de terre la fosse funèbre.

Et rien n'est venu les déranger.

Et pourtant les habitations n'étaient pas très-éloignées... la plus proche était à cinq cents mètres. Dans cette dernière, le propriétaire entendit bien des cris de femmes, puis des cris d'hommes. Il n'y fait pas attention, parce qu'à chaque instant, dans ce quartier, il y a des rixes et des disputes bruyantes entre les Allemands qui l'habitent et les gens qu'amènent de ce côté l'abattoir et le marché aux bestiaux.

Les cinq hommes d'équipe qui manœuvrent des wagons sur les voies de garage n'entendent rien.

Le veilleur de nuit de la maison Paris a entendu quelque chose ; mais sa déclaration est vague.

Enfin, de l'usine Cartier-Bresson, située dans la rue du Chemin-Vert prolongée, hors du plan, à gauche, le gardien a vu des hommes travailler, au clair de lune, sur le champ Langlois.

Comment comprendre que voyant des hommes travailler à une heure au dehors de toutes les habitudes, ce gardien ne s'est pas inquiété, n'a pas surveillé ni donné l'alarme.

Puis, dans la maison du dépôt de la bière Dreher, les trois chiens de garde : Loulou, Noirot et Chopin, chose qui n'arrivait jamais, se trouvaient dans une excitation inusitée ; ils aboyaient et voulaient franchir le mur... Malgré ces indices, personne ne s'enquit de leur cause.

HORRIBLE SUPPOSITION

A la suite de la première enquête, les circonstances qui accompagnaient le crime accuseraient un père et un fils de s'être associés pour tuer ainsi leur femme, leur mère, leurs fils et frères.

Cette pensée était épouvantable et jamais une abomination, en dehors de toutes les lois de l'humanité, ne s'était présentée avec de pareils détails.

Un père massacrant sa famille... et prenant pour complice son fils aîné.

Hideuse perspective !

Un fils assassinant sa mère, tuant ses frères, éventrant sa petite sœur.

Ces forfaits sont tellement inouïs, tellement barbares que l'on se refuse à croire à une semblable vérité.

Et pourtant, à peine le crime est-il commis que l'on télégraphie partout, que les journaux relatent l'attentat en quelques heures. Paris, la province, l'étranger, sont au courant du crime.., et pas la moindre nouvelle ni du père ni du fils... Jean Kinck et Gustave Kinck gardent un silence accusateur.

Ce sont les assassins de leur propre famille !

N'est-ce pas effroyable ?

Que conclure, néanmoins... Si le père et le fils n'étaient pas coupables, ne seraient-ils pas accourus immédiatement à Paris ! Cela ne fait pas de doute !

Mais avant de poursuivre notre enquête sur les assassins, revenons aux malheureuses victimes.

LA MORGUE, L'AUTOPSIE

Rien de plus sinistre, de plus froid que cet aspect de la morgue.

Ces cadavres sanglants sont encore présents à ma mémoire. C'est un spectacle hideux et effrayant et il est curieux de penser que des hommes, des femmes, en nombre considérable, stationnaient devant ce lugubre établissement, dans l'espoir de voir ces tristes restes humains.

La salle des autopsies est longue et étroite, et dès qu'on y entre on est saisi d'une sensation étrange.

C'est glacial ! c'est effrayant !

Des dalles de marbre sont placées dans la longueur, face à face.

Au-dessus d'elles, des robinets laissant couler un filet d'eau.

Des fenêtres qui s'ouvrent sur la Seine l'éclairent le jour, des becs de gaz le soir.

L'autopsie a eu lieu dans le local réservé aux expériences médico-légales à la Morgue.

Ce local est étroit, il contient des tables de dissection, mais en nombre insuffisant.

Il a fallu pratiquer les autopsies en plusieurs séances.

Le docteur Trélat était chargé d'examiner le cadavre de la mère.

Les docteurs Bergeron et Pénaud ont ouvert le corps des enfants.

Voici le résultat de cet examen :

Le corps de la femme est d'une grande beauté; parfait de forme.

Elle a reçu trente coups de couteau, se divisant en trois groupes : l'un au-dessus du sein gauche, l'autre dans le dos, le troisième sous le cou.

Dans cette dernière région, l'un des coups de couteau avait tranché la jugulaire, l'autre pénétré dans la bouche, sous le menton.

La femme Kinck était enceinte de six mois; le fœtus était du sexe féminin.

Les coups avaient été portés par une main inexpérimentée, qui avait frappé avec une sorte de rage fébrile.

On en jugera mieux, quand on saura qu'aucun de ces coups n'avait amené la mort, et que la malheureuse femme a été enterrée vive.

Madame Kinck.

On a acquis la conviction que le meurtre de la femme a précédé tous les autres.

La petite fille, âgée de trois ans, était la plus meurtrie.

On l'a trouvée enveloppée d'un water-proof littéralement haché de coups : sa chemise était trouée comme un crible.

Son crâne était broyé, sa poitrine arrachée, les intestins pendaient, le ventre était tout ouvert.

En outre, l'œil gauche crevé sortait de l'orbite et n'y était plus retenu que par quelques filaments sanguinolents.

C'était navrant !

Emile Kinck.

L'aîné a été tué à coups de pioche et horriblement mutilé.

Les deux autres garçons, l'un de quatorze ans, l'autre de huit ans, ont été frappés de même.

Henri Kinck.

Le quatrième garçon, âgé de onze ans, avait l'œil droit enfoncé, de grandes blessures au cou, le côté gauche entièrement broyé.

Presque tous les coups ont été donnés par derrière !

Alfred.

Marie.

Achille.

LA FAMILLE KINCK.

La famille Kinck habitait Roubaix; elle se composait du père, de la mère et de six enfants, dont l'aîné a dix-sept ans, et la plus jeune, une petite fille de trois ans.

Jean Kinck, le père, était mécanicien en broches; il avait un grand atelier et ses affaires prospéraient. Il était propriétaire de trois maisons; celle qu'il habitait, rue de l'Alouette, n. 22, une autre au n. 24, et une troisième au n. 30. Sa fortune s'élevait à une centaine de mille francs.

Nous avons visité la maison de Roubaix. Elle n'a qu'un rez-de-chaussée surmonté d'un étage; deux fenêtres avec la porte d'entrée et trois fenêtres à l'étage. La porte est ornée d'un grillage qui permet de voir le corridor et la cour, ornée du feuillage d'une vigne vierge.

La maison était dans l'ordre le plus parfait, les vêtements et le linge soigneusement pendus ou pliés dans des meubles; dans les armoires de la cuisine, qui prend jour sur la cour, se trouvent des œufs frais, du beurre, des fruits, ce qui semble indiquer que la mère de famille avait quitté sa demeure croyant y revenir au bout de quelques jours. Dans la cour, une cage contenait des lapins et des poules. Quand nous sommes entrés, ces dernières terminaient de manger des miettes de pain que leur avait donné un rédacteur du *Figaro*, venu quelques heures avant nous.

Dimanche matin, 19 septembre, l'épouse Kinck, avec tous ses enfants, assista à la messe, et toute la famille quitta Roubaix par le train de midi trente et une minutes pour Lille. Elle partait de Lille pour Paris à une heure quarante-cinq minutes, et au départ, les enfants, joyeux, se disaient en chantant : « Nous allons donc voir papa ! »

Mme Kinck emportait, dit-on, une somme de 5 à 6,000 fr. Des lettres trouvées dans la maison, écrites au nom de Kinck père, qui se trouvait à Paris depuis un mois avec Gustave, son fils aîné, disaient à la mère de famille qu'une bonne affaire se présentait, qu'on avait en main un achat important de terrain et qu'il fallait apporter le plus d'argent possible. Mme Kinck trouvait étrange que les lettres qu'elle recevait de Paris ne fussent point écrites de la main de son mari; on répondit que Kinck père s'était foulé le poignet.

Les journaux de Paris ont dit qu'un bouton du pantalon de l'un des jeunes gens assassinés portait le nom de : « *Thomas fils aîné, à Roubaix.* » Ce fut cet indice qui amena la découverte de l'identité des victimes. Les photographies des victimes furent apportées à Roubaix par un brigadier de la police de sûreté de Paris et placées sous les yeux du tailleur Thomas, qui reconnut immédiatement chacun des membres de la famille Kinck.

Cette famille semblait vivre heureuse. Le chef, Jean Kinck, âgé de 45 ans, originaire d'Alsace, était un habile ouvrier tourneur mécanicien. Il avait épousé Hortense Rousselle, née à Tourcoing le 30 juin 1827, et en avait six enfants vivants : Gustave, né en 1853; Emile, né le 21 août 1856; Henri, né le 15 avril 1859; Achille, né le 31 décembre 1861; Alfred, né le 24 octobre 1863, et enfin Marie-

Hortense, une charmante enfant de deux ans, née le 3 août 1867, celle qui fut éventrée par les assassins.

D'après nos renseignements, il paraît que Kinck était très-laborieux, très-économe et puissamment aidé par sa femme, aussi bonne mère que bonne ménagère. Il voulait se rendre, dit-on, en Alsace pour vendre une propriété; son fils Gustave seul était de son avis, la mère voulait rester à Roubaix, et ce fut là, peut-être, le dissentiment, qui, en s'envenimant, amena la pensée du forfait.

A la nouvelle du crime, la ville de Roubaix a été très-émotionnée, la bonne entente qui exista toujours entre la famille Kincke fit que personne ne voulut croire à la culpabilité du père et du fils. La vente qui ne peut tarder de se faire apportera bientôt la lumière sur cette mystérieuse affaire.

DIFFÉRENTES VERSIONS.

On a donné tant de versions différentes pour expliquer le crime, que nous croyons utile dans l'intérêt de la vérité, de ne pas revenir sur des suppositions plus ou moins vraisemblables.

On a prétendu que dans un but de cupidité, le père et le fils s'étaient entendus pour anéantir toute la famille et profiter de la fortune entière.

Cela est inadmissible.

Le père et le fils se seraient créé à eux-mêmes des difficultés insurmontables qui les eussent empêché de réaliser la valeur de leurs propriétés dispersées à Roubaix et en Alsace.

La version la plus plausible est l'existence d'un usurier qui cherchait depuis longtemps le moyen de s'approprier la fortune de la famille Kinck.

Dans ce but, cet homme aurait décidé l'assassinat de huit personnes, c'est dans ce cas le père et le fils Kinck, au lieu d'être les assassins deviendraient à leur tour les victimes de cet usurier, qui serait selon toute probabilité, Tropmann l'individu arrêté au Hâvre.

L'ARRESTATION DE TROPMANN.

Les feuilles havraires racontent ainsi l'arrestation de Tropmann.

La ville entière est en émoi : on vient d'arrêter un individu que tout indique être Jean Kinck, le principal auteur de l'épouvantable assassinat de Pantin.

Voici dans quelles circonstances, tout à fait imprévues et comme providentielles, cet homme a été arrêté.

Vers midi, le gendarme Ferrand, du service maritime, faisait une ronde à Saint-François dans le but de ramener à bord des navires en partance plusieurs marins jardalaires.

Arrivé rue Royale, il entra dans l'auberge de M. Mangeneau, située dans la mai-

Intérieur du cabaret ou Tropmann a été arrêté.

on portant le n• 57. Il y voit attablés plusieurs individus d'assez mauvaise mine auxquels il demande leurs noms et leurs papiers.

L'un d'eux, dont la physionomie avait paru contractée par un trouble subit, lors de l'entrée du gendarme, répond qu'il est étranger.

— Eh bien alors, raison de plus pour me montrer vos papiers !

— Faut-il donc des papiers pour voyager en France?

Sa parole était haletante, son visage crispé. A chaque minute son trouble allait croissant.

— Si vous ne pouvez justifier de votre identité, ajoute le gendarme, je serai forcé de vous conduire au parquet de M. le procureur impérial.

A ce mot de procureur impérial, l'individu perd tout à fait contenance, il essaye de balbutier quelques paroles, mais ne peut les articuler.

Le gendarme l'arrête et lui dit qu'il va le conduire au violon où se continuera l'explication.

Il l'emmène par le quai des Casernes et le pont Lamblardie. Arrivé sur le quai de la Carène, l'individu profite du passage d'une voiture de place pour se dégager de l'étreinte du gendarme. Il court au quai, saute sur un radeau, et de là dans le bassin, avec l'idée bien arrêtée et bien évidente d'y trouver la mort.

Mais, on le sait, dans notre port, dès qu'il y a une chute à l'eau, il se trouve toujours comme à point nommé un sauveteur courageux prêt à risquer sa vie pour secourir son semblable.

Cette fois, le sauveteur était M. Hauguel, calfat. A peine l'individu était-il dans le bassin qu'il s'y est précipité lui-même tout habillé. L'individu, voyant ses projets de suicide contrariés, saisit violemment son sauveteur par les jambes, se débat et essaye de l'entraîner avec lui.

M. Hauguel eut la force et la présence d'esprit de se dégager. Un instant après il ressaisit l'individu épuisé et le ramène à la surface de l'eau. On le porte sur le quai et de là au poste de sûreté, où M. Ebran, pharmacien, accourt lui donner les premiers soins.

En le déshabillant, on a trouvé sur cet homme divers papiers placés sur la peau, en-dessous de la chemise, et qu'il paraissait tenir à dissimuler soigneusement. Ces papiers établissent clairement son identité : il n'est autre que le nommé Jean Kinck, de Roubaix, celui que le bruit public et les premières informations de la justice désignent comme le principal, sinon comme le seul des assassins de Pantin.

Voici la liste des papiers et des objets trouvés en la possession de Kinck :

1° Acte de vente d'une maison sise à Roubaix, pour une somme de 8,000 francs, par M. Cocheteux, à M. Kinck-Rousselle, au 31 janvier 1861, en l'étude de Me Deledicque, notaire à Lille ;

2° Obligations par M. et Mme Kinck-Rousselle à demoiselles Danel et consorts, du 20 avril 1861 : — même étude ;

3° Vente de maisons par M. et Mme Cocheteux-Osterlgek à M. et Mme Kinck-Rousselle, 17 et 20 avril 1861 : même étude ;

4° Adjudication d'une maison sise à Roubaix au profit de M. Kinck, de Roubaix, 30 juillet 1857 ;

5° Une quittance de mainlevée, de M. Vanderholl à M. Kinck, en date du 18 novembre 1863 ;

6° Un dossier contenant 12 extraits du registre des priviléges et hypothèques de Lille ;

7° Un portefeuille contenant un certain nombre de lettres particulières et divers papiers ;

8° Un porte-monnaie en maroquin avec garniture en cuivre, trouvé dans ses poches, contenant une pièce de 5 francs en argent et une pièce de 50 centimes, plus 50 centimes en billon ;

9° Une ceinture en cuir vide ;

10° Un foulard de soie contenant 210 francs en pièces de 5 francs en argent, dont 31 pièces à l'effigie de Léopold II, et 170 francs en billon ;

11° Une montre en or, à cylindre, à huit rubis, portant les numéros 40,750 et 7,791, avec chaîne et clef du même métal ;

12° Une montre savonnette en argent, tenue par un cordon de cuir et portant les numéros 47,440 et 45.

13° Un petit peigne ;

14° Un médaillon à secret ;

15° Un couteau-canif neuf, à manche blanc, garni de trois lames, dont la principale est ébréchée en quatre endroits.

Nous sortons de l'hospice où Kinck a été transporté vers deux heures. Là, les internes de service dans la salle Sainte-Gabrielle, au fond de laquelle il est couché, sous la garde de deux agents de police, lui ont donné les soins d'usage, et, à l'aide de frictions énergiques, l'ont rapidement mis hors de danger. Au moment où nous écrivons, Kinck est étendu sur son lit : il s'est enveloppé dans une couverture de laine blanche et cherche à dissimuler ses traits sous son oreiller.

Sa respiration est rapide, oppressée, sifflante. Il est très-pâle et feint un état d'abattement absolu, afin d'échapper à un interrogatoire immédiat.

Nous l'avons entendu prononcer quelques paroles de protestation contre la curiosité dont il était l'objet. Il ne paraît pas, du reste, chercher à s'échapper, et il est si calme qu'on n'a pas cru devoir lui mettre la camisole de force.

Il a demandé à boire, et comme on tardait un peu, il a ajouté que si on voulait satisfaire ce désir, il serait sage et laisserait faire son esquisse par un jeune élève de l'École des beaux-arts, qui venait de commencer ce travail.

Cet individu est de taille moyenne, mais bien proportionnée.

Il paraît âgé d'environ vingt ans.

Sa physionomie est belle, bien que ses traits soient légèrement irréguliers.

Il a le front droit, mais fuyant tout à coup au sommet, le nez busqué, fortement aplati vers le haut ; la bouche petite, les lèvres minces, les dents très-fortes, le menton court, les cheveux et les sourcils noirs.

Moustache naissante.

On remarque au-dessous de l'oreille gauche une cicatrice de trois centimètres de longueur, allant dans la direction de la bouche.

On voit également sur la joue du même côté, deux grains de beauté, le plus apparent placé à trois centimètres au coin de la bouche, et l'autre situé plus bas vers le menton.

Nous avons vu également les habits qu'il portait, qui sont ceux d'un ouvrier ou d'un marin.

Ils se composent d'un pantalon et d'un paletot bruns, d'une cravate noire et d'un foulard rouge à bordure blanche.

La chemise est marquée aux initiales E. T.

Il a à la main une coupure placée à la jonction du pouce et de l'index, ainsi que plusieurs égratignures.

Or, remarquez ceci, cet individu se laisse appeler Kinck, et n'est nullement, que Tropmann.

Sa chemise elle-même dénonce, elle est marquée E. T.

Si c'est lui l'assassin, c'est un criminel fort habile qui a organisé son plan avec une adresse remarquable.

Pour mieux dérouter les recherches, il se fait passer tantôt pour Jean, tantôt pour Gustave Kinck, qu'il a probablement assassiné également; sans cela, ou ces derniers se seraient déjà présentés, ou ils seraient arrêtés en ce moment.

Tropmann est donc, espérons-le, le seul coupable...

Sa foulure au poignet est une preuve de plus; c'est lui qui écrivait à la femme Kinck, soi-disant de la part du mari; c'est lui également, d'après le portrait qu'on a fait, qui a été acheter une pelle et une pioche chez le taillandier; c'est lui qui a pris une voiture, qui a successivement mené les victimes au chemin Vert, en trois voyages; c'est lui qui a pris une chambre dans l'hôtel du Chemin de fer du Nord, boulevard Denain.

Tous les indices semblent l'accuser, tout se rapporte à sa taille, à sa physionomie, tandis que les descriptions que l'on a donnés ne ressemblent en rien au fils Kinck.

Le gendarme Ferrand.

ARRIVÉE DE TROPMANN A PARIS.

Depuis deux jours une foule énorme stationnait aux abords du chemin de fer du Havre, dans l'espoir de voir l'assassin.

Mais la police, devant l'indignation légitime de la foule, et craignant, avec juste raison, que celle-ci ne fasse un mauvais parti au prisonnier, prit ses mesures en conséquence.

Tropmann est sorti de la gare par une porte dérobée et du côté opposé par lequel on pensait qu'il allait débarquer.

Deux voitures l'attendaient.

Dans la première est monté Tropmann et les agents; dans la seconde, d'autres agents qui servaient d'escorte.

Malgré ces précautions, prévenue par quelques rumeurs, la foule s'est portée en masse vers la voiture en criant après Traupmann.

On s'est échappé à ce tumulte en fouettant vigoureusement les chevaux.

En moins de douze minutes on était arrivé à la Morgue.

Là, une confrontation eut lieu, dans laquelle l'assassin reconnut parfaitement les enfants.

Il les désigna chacun par leur nom.

Après une heure d'interrogatoire, Traupmann ne se départit pas de ses dénégations, assurant que le père et le fils Kinck étaient ses complices, et qu'il n'avait agi que sous leur influence.

Il fut conduit à la prison.

INCERTITUDE.

Dans cette déplorable affaire, reste toujours une douloureuse incertitude.

D'après Tropmann et d'autres indices, le père Kinck semblerait compromis, mais l'assassin principal, Tropmann, paraît si habile, qu'il ne serait nullement étonnant que toutes ses contradictions aient été organisées à l'avance, pour entraver les recherches et la vérité.

Aucun romancier n'aurait imaginé des péripéties aussi pittoresques et aussi dramatiques que ce drame multiple qui, plus on avance, se complique de la manière la plus grave.

Jusqu'à nouvel ordre, nous ne pourrions encore rien préciser; mais nous continuons activement nos recherches.

LE CIMETIÈRE DU CRIME.

J'arrive à la hâte de Pantin, au moment où l'on va mettre sous presse..... J'ai juste le temps d'annoncer la découverte du septième cadavre.

Quel émoi cela a-t-il produit?

Une émotion indescriptible a prise la foule qui s'est portée en masse vers l'endroit désigné.

Des gendarmes, assistés de quelques curieux, ont déterré à une trentaine de mètres de la première fosse, un cadavre méconnaissable.

Il portait une chemise blanche maculée de sang figé et ayant une large ouverture à l'endroit du cœur.

Il était couché sur le côté droit et portait à la gorge une blessure horrible à voir.

C'était une plaie béante, large, hideuse; l'assassin, dans une rage fébrile, avait dû remuer à différentes reprises l'arme dans les chairs.

La figure n'a plus forme humaine; c'est en quelque sorte un amas de boue et de terre.

Le bras droit est à moitié nu.

M. Lugagne, le médecin, nettoie avec ses mains le visage et dégage bientôt la lèvre supérieure : pas un poil de barbe.

Mais la peau se détache lorsqu'on la touche, les cheveux viennent à poignée, il est obligé d'arrêter là les constatations, non sans avoir remarqué que ce cadavre, horriblement défiguré, porte à la main des traces de lutte.

Il déboutonne le gilet ; au-dessous se trouve un tricot bleu clair en laine semblable à ceux des jeunes frères Kinck ; il est taché de sang ; M. Lugagne l'écarte. Dans la région du cœur apparaissent trois blessures profondes faites avec le même couteau de cuisine qui est resté dans le cou.

La victime paraît avoir environ vingt ans ; la figure est ronde et pleine ; cheveux châtains de longueur ordinaire. Bien qu'il ait des traits horriblement convulsionnés, il est impossible de ne pas reconnaître une grande ressemblance avec les autres membres de la famille Kinck. Tout autorise à déclarer que ce cadavre est celui de Gustave Kinck.

Voici donc une partie de ce terrible drame expliqué.

Reste encore le dénouement, c'est-à-dire la découverte du père Kinck.

LA FOULE.

La foule est absurde et inconvenante, elle se rend à Pantin comme elle irait à la foire de Saint-Cloud ; elle chante et se livre à des saillies qui prouve peu son bon cœur.

Chacun cherche et fouille le terrain comme si c'était un jeu......; ce cynisme est révoltant.

Des gamins piétinent sur les fossés.

Enfin, on laboure le champ, trois charrues fonctionnent pendant deux heures, et on ne découvre rien.

Les recherches se multiplient et se poursuivent.

AVIS.

L'importance et l'intérêt de cette palpitante affaire, nous oblige à publier, dès aujourd'hui, les détails connus en éliminant les informations fantaisistes données par plusieurs feuilles, mais afin de satisfaire la curiosité publique, nous prévenons nos lecteurs que sous peu de jours nous publierons un nouveau fascicule donnant la relation exacte de l'enquête qui se fait en ce moment.

Nous devons donc terminer notre travail comme un feuilleton de journal et mettre l'éternelle *suite prochainement.*

ARGENTEUIL. — IMPRIMERIE P. WORMS.

www.ingramcontent.com/pod-product-compliance
Lightning Source LLC
Chambersburg PA
CBHW060725280326
41933CB00013B/2567